Impressum
Verlag: BABADADA GmbH, Nedderfeld 112 , 22529 Hamburg
Geschäftsführer / Verlagsleitung: Harald Hof
Druck: Books on Demand GmbH, In de Tarpen 42, 22848 Norderstedt

Imprint
Publisher: BABADADA GmbH, Nedderfeld 112 , 22529 Hamburg, Germany
Managing Director / Publishing direction: Harald Hof
Print: Books on Demand GmbH, In de Tarpen 42, 22848 Norderstedt, Germany

skola
mokykla

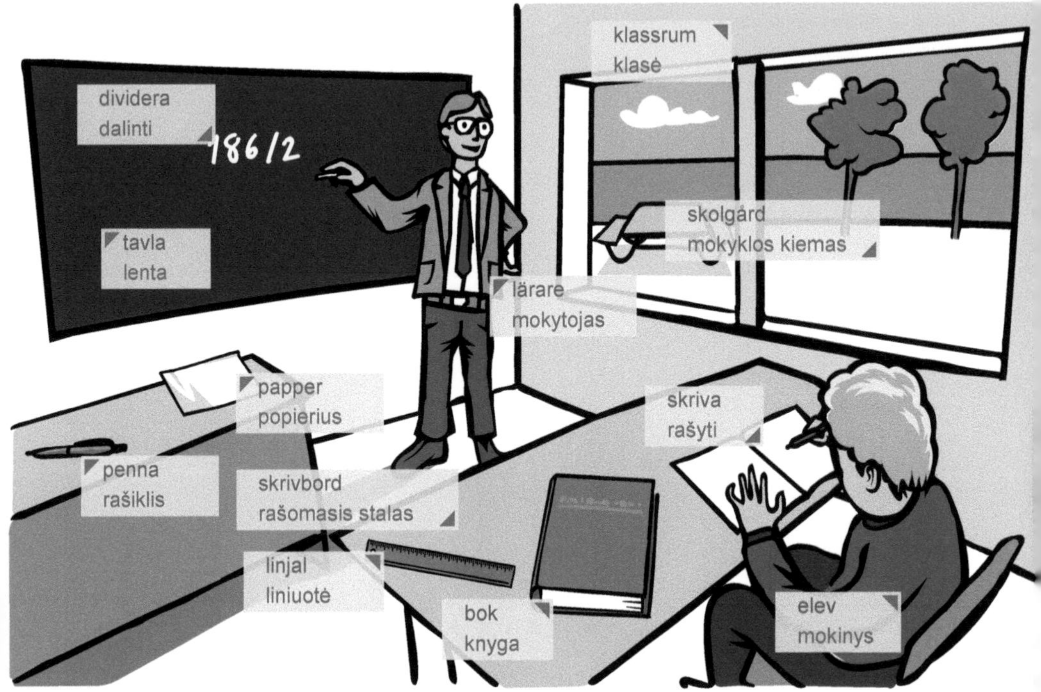

klassrum
klasė
dividera
dalinti
186/2
tavla
lenta
skolgård
mokyklos kiemas
lärare
mokytojas
papper
popierius
skriva
rašyti
penna
rašiklis
skrivbord
rašomasis stalas
linjal
liniuotė
bok
knyga
elev
mokinys

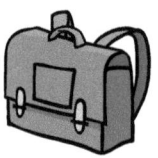

skolväska
kuprinė

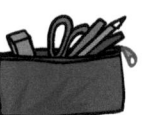

pennfodral
penalas

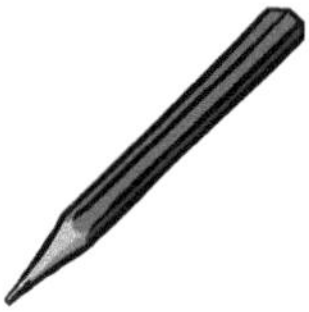

blyertspenna
pieštukas

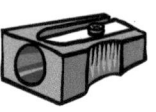

pennvässare
drožtukas

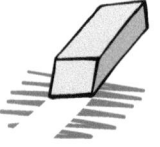

suddgummi
trintukas

ritblock
piešimo bloknotas

teckning

piešinys

pensel

teptukas

målarlåda

dažų dėžutė

sax

žirklės

lim

klijai

övningsbok

vadovėlis

hemläxa

namų darbai

tal

numeris

addera

pridėti

subtrahera

atimti

multiplicera

dauginti

räkna

skaičiuoti

bokstav

raidė

alfabet

abėcėlė

ord

žodis

text
tekstas

läsa
skaityti

krita
kreida

lektion
pamoka

register
dienynas

prov
egzaminas

intyg
pažymėjimas

skoluniform
mokyklinė uniforma

utbildning
išsilavinimas

uppslagsverk
enciklopedija

universitet
universitetas

mikroskop
mikroskopas

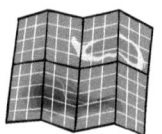

karta
žemėlapis

papperskorg
šiukšliadėžė

resa
kelionė

hotell
viešbutis
Grand
vandrarhem
svečių namai
ROOMS
EXCHANGE
växelkontor
valiutos keitykla
resväska
lagaminas
bil
mašina

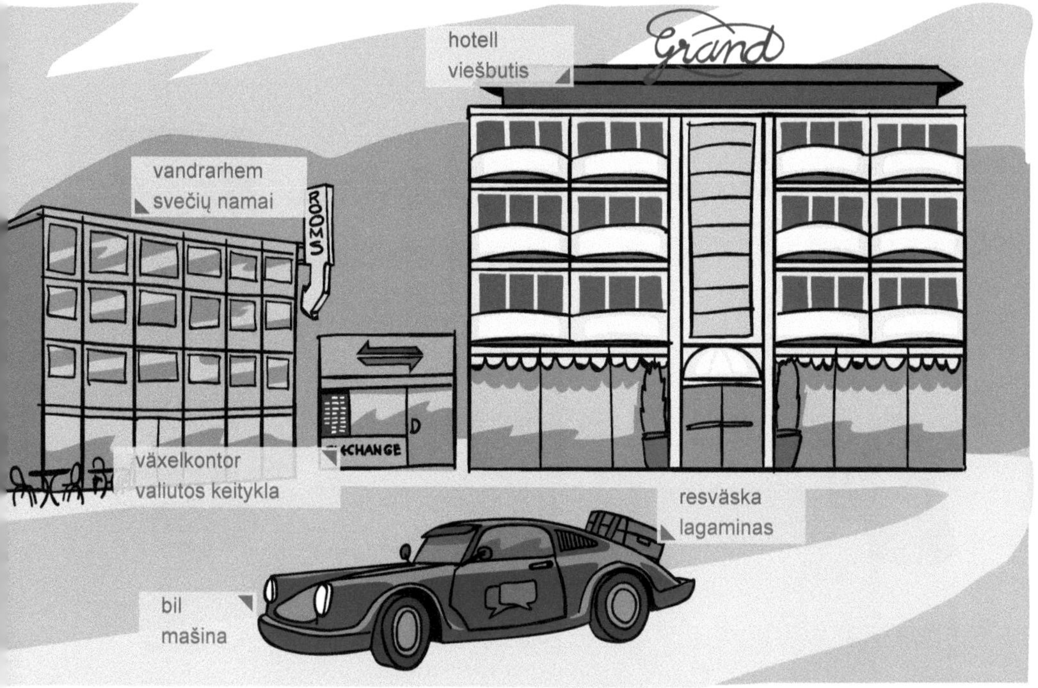

språk
kalba

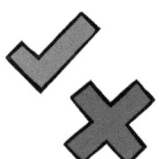

ja / nej
taip / ne

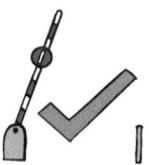

Okay
Gerai

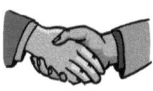

hej
sveiki

översättare
vertėjas raštu

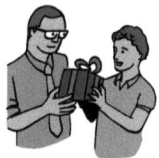

Tack
Ačiū

hur mycket kostar…?

kiek kainuoja…?

jag förstår inte

aš nesuprantu

problem

problema

God kväll!

Labas vakaras!

God morgon!

Labas rytas!

God natt!

Labos nakties!

hejdå

viso gero

riktning

kryptis

bagage

bagažas

väska

krepšys

ryggsäck

kuprinė

gäst

svečias

rum

kambarys

sovsäck

miegmaišis

tält

palapinė

turistinformation

turizmo informacija

strand

paplūdimys

kreditkort

kreditinė kortelė

frukost

pusryčiai

lunch

pietūs

middag

vakarienė

biljett

bilietas

hiss

liftas

frimärke

pašto ženklas

gräns

siena

tull

muitinė

ambassad

ambasada

visum

viza

pass

pasas

transport
transportas

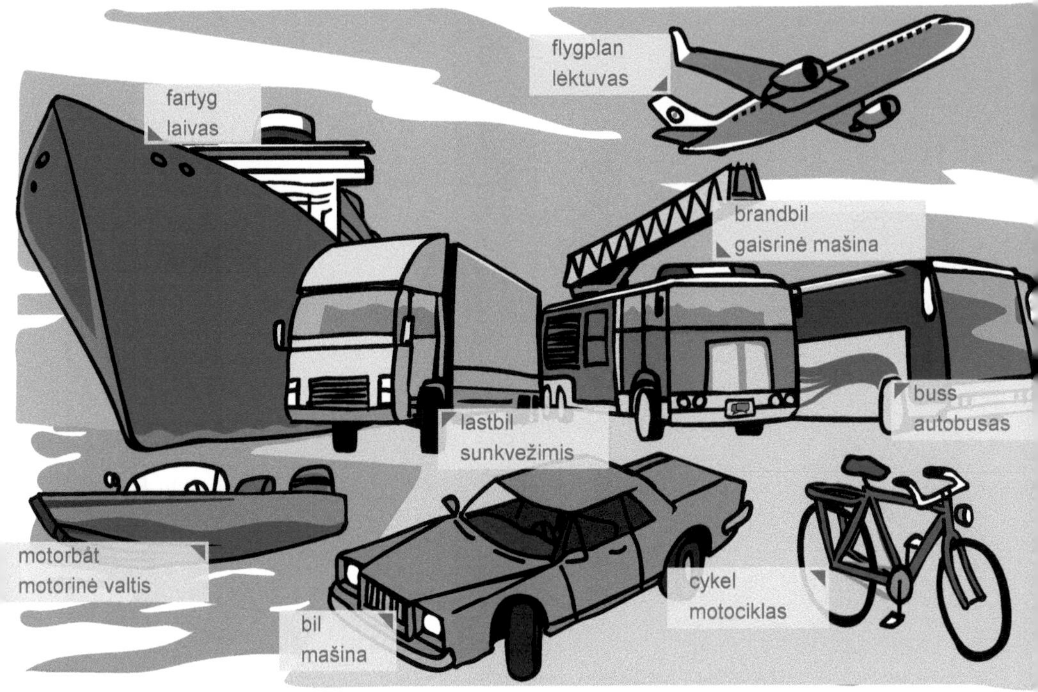

flygplan
lėktuvas
fartyg
laivas
brandbil
gaisrinė mašina
buss
autobusas
lastbil
sunkvežimis
motorbåt
motorinė valtis
cykel
motociklas
bil
mašina

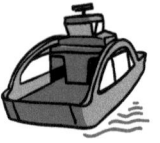

färja

keltas

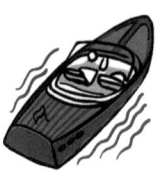

båt

valtis

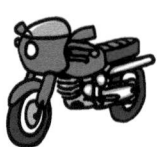

motorcykel

mopedas

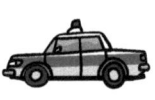

polisbil

policijos automobilis

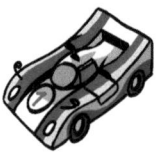

racerbil

lenktyninis automobilis

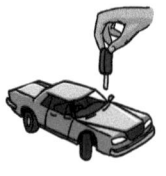

hyrbil

nuomojamas automobilis

bilpool

bendras automobilio naudojimas

bärgningsbil

techninės pagalbos automobilis

sopbil

šiukšliavežė

motor

variklis

bränsle

degalai

bensinstation

degalinė

vägmärke

kelio ženklas

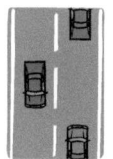

trafik

eismas

bilkö

eismo spūstis

parkeringsplats

mašinų stovėjimo aikštelė

tågstation

traukinių stotis

räls

bėgiai

tåg

traukinys

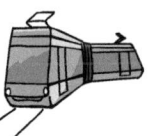

spårvagn

tramvajus

vagn

vagonas

transport - transportas

helikopter

sraigtasparnis

flygplats

oro uostas

torn

bokštas

passagerare

keleivis

container

konteineris

kartong

dėžė

vagn

vežimėlis

korg

krepšys

starta / landa

pakilti / nusileisti

stad

miestas

by

kaimas

centrum

miesto centras

hus

namas

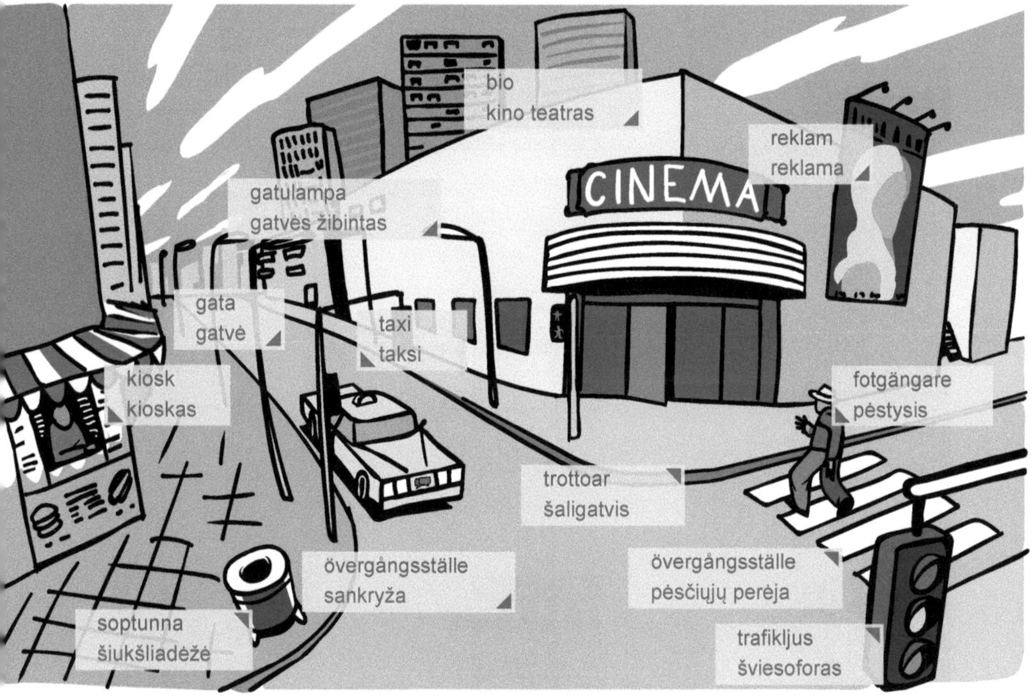

bio
kino teatras

reklam
reklama

gatulampa
gatvės žibintas

CINEMA

gata
gatvė

taxi
taksi

kiosk
kioskas

fotgängare
pėstysis

trottoar
šaligatvis

övergångsställe
sankryža

övergångsställe
pėsčiujų perėja

soptunna
šiukšliadėžė

trafikljus
šviesoforas

stuga
trobelė

lägenhet
butas

tågstation
traukinių stotis

stadshus
rotušė

museum
muziejus

skola
mokykla

universitet

universitetas

bank

bankas

sjukhus

ligoninė

hotell

viešbutis

apotek

vaistinė

kontor

biuras

bokhandel

knygynas

affär

parduotuvė

blomsterbutik

gėlių parduotuvė

stormarknad

prekybos centras

marknad

turgus

varuhus

universalinė parduotuvė

fiskhandlare

žuvies parduotuvė

köpcentrum

prekybos centras

hamn

uostas

park
parkas

bänk
suoliukas

brygga
tiltas

trappa
laiptai

tunnelbana
metro

tunnel
tunelis

busshållplats
autobusų stotelė

bar
baras

restaurang
restoranas

brevlåda
lauko pašto dėžutė

gatuskylt
kelio ženklas

parkeringsautomat
parkomatas

zoo
zoologijos sodas

simbassäng
baseinas

moské
mečetė

bondgård

ūkininko ūkis

förorening

tarša

kyrkogård

kapinės

kyrka

bažnyčia

lekplats

žaidimų aikštelė

tempel

šventykla

landskap
kraštovaizdis

löv
lapas

vägskylt
kelio rodyklė

väg
kelias

äng
pieva

sten
akmuo

träd
medis

liftare
ėjikas

flod
upė

gräs
žolė

blomma
gėlė

dal

slėnis

kulle

kalva

sjö

eżeras

skog

miškas

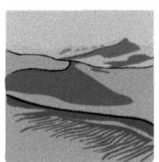

öken

dykuma

vulkan

ugnikalnis

slott

pilis

regnbåge

vaivorykštė

svamp

grybas

palm

palmė

mygga

uodas

fluga

musė

myra

skruzdėlė

bi

bitė

spindel

voras

skalbagge

vabalas

groda

varlė

ekorre

voverė

igelkott

ežys

hare

kiškis

uggla

pelėda

fågel

paukštis

svan

gulbė

vildsvin

šernas

rådjur

elnias

älg

briedis

damm

užtvanka

vindkraftverk

vėjo jėgainė

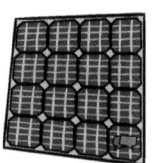

solcellspanel

saulės baterija

klimat

klimatas

landskap - kraštovaizdis

restaurang
restoranas

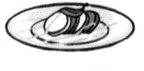

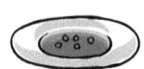

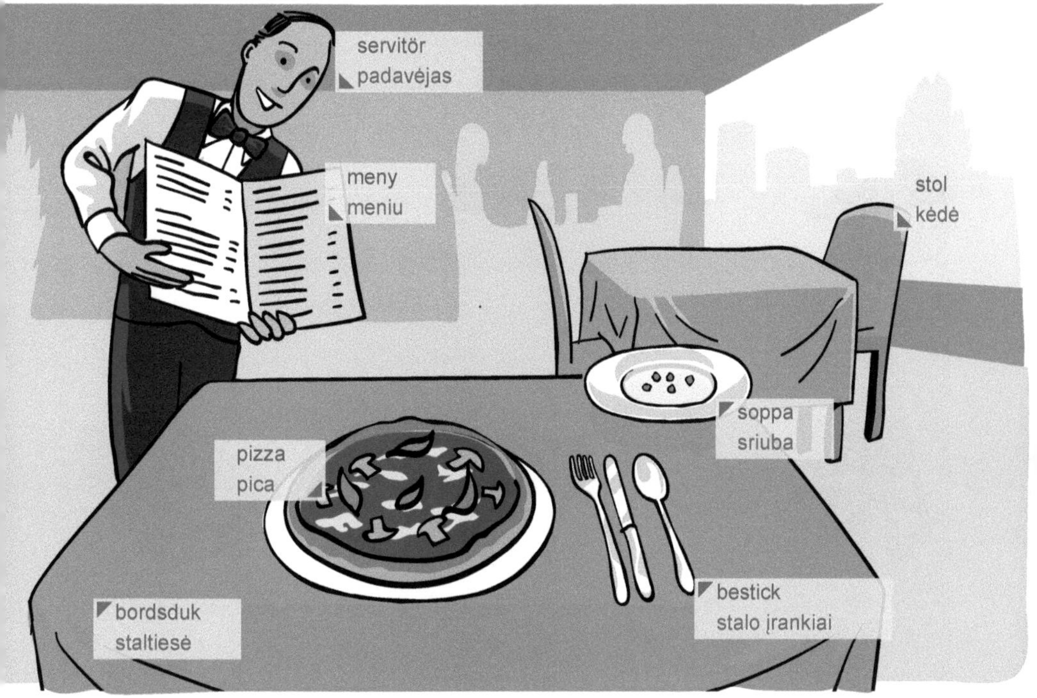
servitör
padavėjas
meny
meniu
stol
kėdė
soppa
sriuba
pizza
pica
bestick
stalo įrankiai
bordsduk
staltiesė

förrätt

užkandis

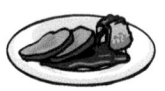

huvudrätt

pagrindinis patiekalas

dessert

desertas

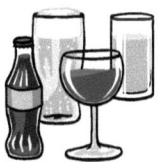

drycker

gėrimai

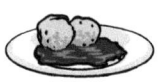

mat

maistas

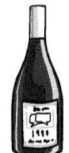

flaska

butelis

snabbmat

greitai pateikiamas maistas

street food

gatvės maistas

tekanna

arbatinukas

sockerskål

cukrinė

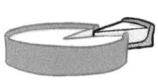

portion

porcija

espressomaskin

espreso aparatas

barnstol

aukšta kėdė

räkning

sąskaita

bricka

padėklas

kniv

peilis

gaffel

šakutė

sked

šaukštas

tesked

arbatinis šaukštelis

servett

servetėlė

glas

stiklinė

tallrik

lėkštė

sopptallrik

sriubos lėkštė

tefat

padėklas

sås

padažas

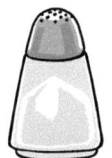

saltkar

druskinė

pepparkvarn

pipirų malūnėlis

vinäger

actas

olja

aliejus

kryddor

prieskoniai

ketchup

kečupas

senap

garstyčios

majonnäs

majonezas

stormarknad

prekybos centras

specialerbjudande
specialus pasiūlymas
FOR
kund
pirkėjas
mejeriprodukter
pieno produktai
frukt
vaisiai
varukorg
troleibusas

BUTCHERS

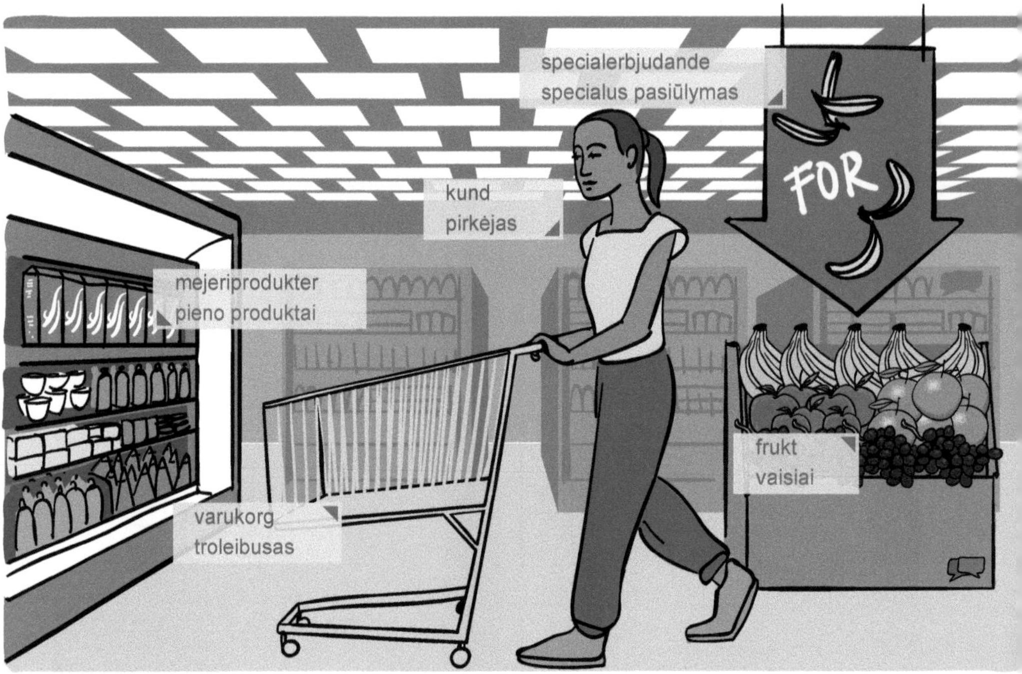

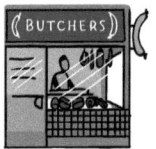

charkuteri

mėsos parduotuvė

BAKERY

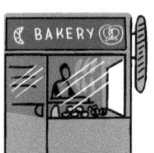

bageri

kepykla

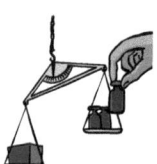

väga

sverti

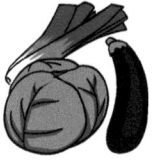

grönsaker

daržovės

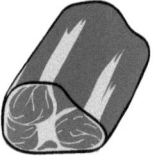

kött

mėsa

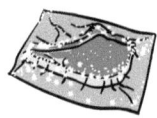

frysta livsmedel

šaldytas maistas

pålägg

šalti mėsos užkandžiai

konserver

konservai

tvättmedel

skalbimo milteliai

godis

saldumynai

hushållsprodukter

ūkinės prekės

rengöringsmedel

valymo priemonės

försäljare

pardavėja

kassa

kasos aparatas

kassör

kasininkas

inköpslista

pirkinių sąrašas

öppettider

darbo valandos

plånbok

piniginė

kreditkort

kreditinė kortelė

väska

maišelis

plastpåse

plastikinis maišelis

vatten

vanduo

juice

sultys

mjölk

pienas

cola

kola

vin

vynas

öl

alus

alkohol

alkoholis

kakao

kakava

te

arbata

kaffe

kava

espresso

espresas

cappuccino

kapučinas

banan

bananas

äpple

obuolys

apelsin

apelsinas

melon

arbūzas

citron

citrina

morot

morka

vitlök

česnakas

bambu

bambukas

lök

svogūnas

svamp

grybas

nötter

riešutai

nudlar

makaronai

spaghetti

spagečiai

ris

ryžiai

sallad

salotos

pommes frites

traškučiai

stekt potatis

keptos bulvės

pizza

pica

hamburgare

mėsainis

smörgås

sumuštinis

schnitzel

pjausnys

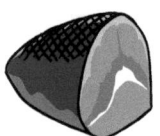

skinka

kumpis

salami

saliamis

korv

dešrelė

kyckling

vištiena

stek

kepsnys

fisk

žuvis

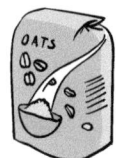

havregryn
avižų dribsniai

müsli
dribsniai su priedais

cornflakes
kukurūzų dribsniai

mjöl
miltai

croissant
prancūziškasis ragelis

fralla
bandelė

bröd
duona

rostat bröd
skrebutis

kex
sausainiai

smör
sviestas

kvarg
varškė

kaka
tortas

ägg
kiaušinis

stekt ägg
kiaušinienė

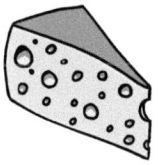

ost
sūris

glass

ledai

socker

cukrus

honung

medus

sylt

uogienė

nougatkräm

tepamas šokoladas

curry

karis

mat - maistas

bondgård
ūkininko ūkis

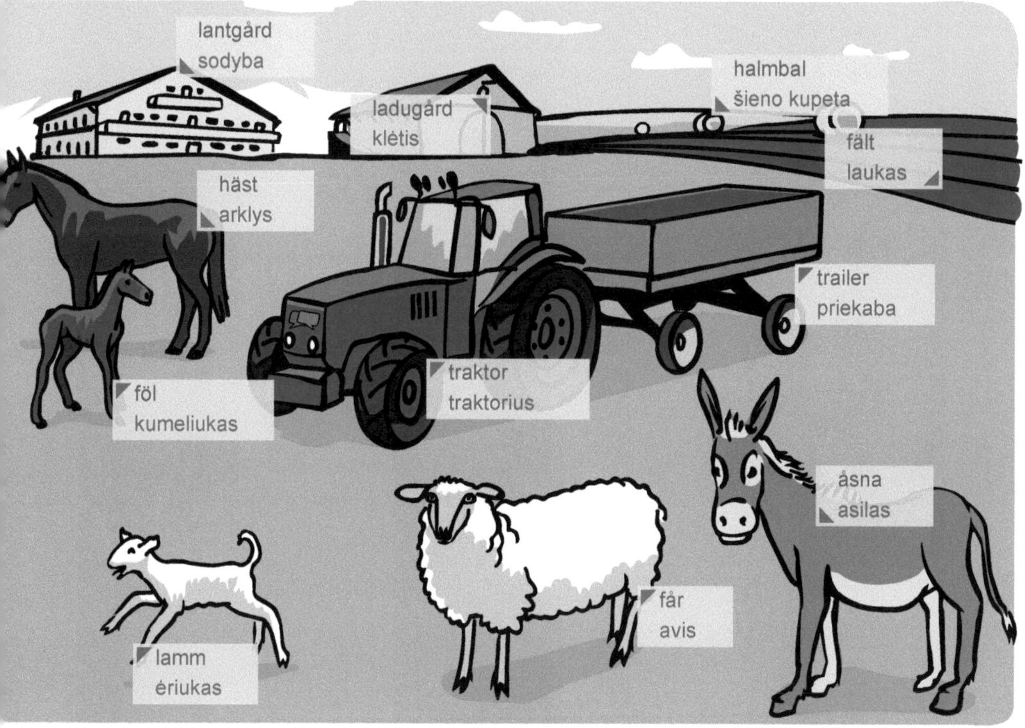

lantgård
sodyba
ladugård
klėtis
halmbal
šieno kupeta
fält
laukas
häst
arklys
trailer
priekaba
föl
kumeliukas
traktor
traktorius
åsna
asilas
får
avis
lamm
ėriukas

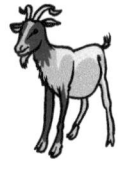

get

ožys

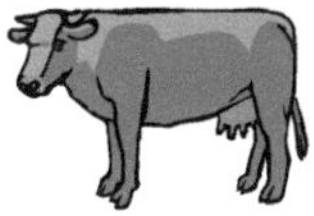

ko

karvė

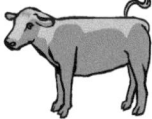

kalv

veršis

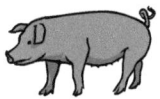

gris

kiaulė

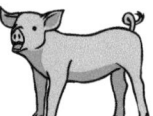

griskulting

paršelis

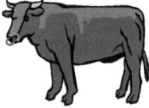

tjur

bulius

gås

žąsis

anka

antis

kyckling

viščiukas

höna

višta

tupp

gaidys

råtta

žiurkė

katt

katė

mus

pelė

oxe

jautis

hund

šuo

hundkoja

šuns būda

trädgårdsslang

sodo namas

vattenkanna

laistytuvas

lie

dalgis

plog

plūgas

skära
pjautuvas

hacka
kauptukas

högaffel
šakės

yxa
kirvis

skottkärra
statinė

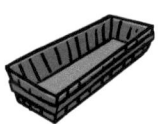

tråg
lovys

mjölkflaska
bidonas

säck
maišas

staket
tvora

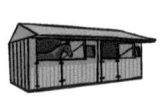

stall
arklidė

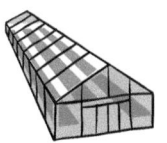

växthus
šiltnamis

jord
dirva

säd
sėkla

gödsel
trąšos

skördetröska
kombainas

skörda
....
rinkti

skörd
....
derlius

jams
....
saldžiosios bulvės

vete
....
kviečiai

soja
....
soja

potatis
....
bulvė

majs
....
kukurūzai

raps
....
rapsai

fruktträd
....
vaismedis

maniok
....
manijokas

spannmål
....
grūdai

hus
namas

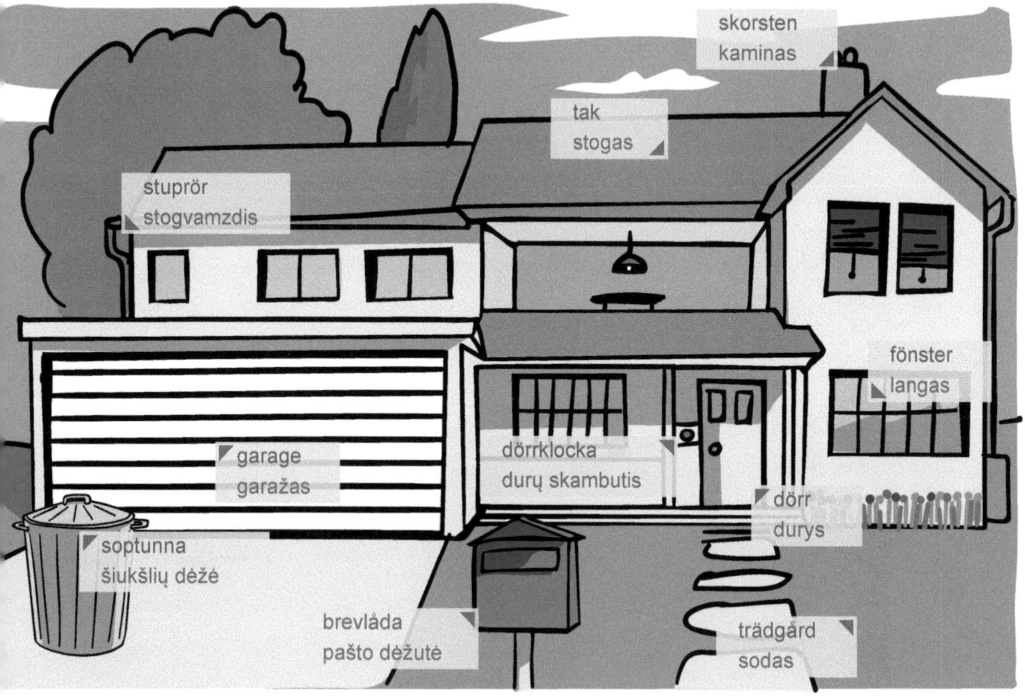

skorsten
kaminas
tak
stogas
stuprör
stogvamzdis
fönster
langas
garage
garažas
dörrklocka
durų skambutis
dörr
durys
soptunna
šiukšlių dėžė
brevlåda
pašto dėžutė
trädgård
sodas

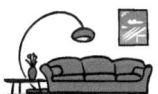

vardagsrum

svetainė

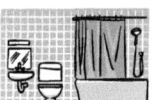

badrum

vonios kambarys

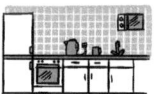

kök

virtuvė

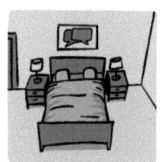

sovrum

miegamasis

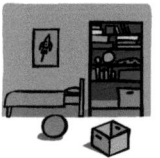

barnrum

vaiko kambarys

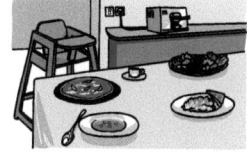

matsal

valgomasis

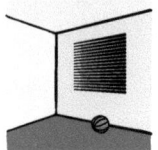

golv
grindys

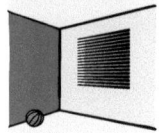

vägg
siena

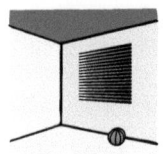

tak
lubos

källare
rūsys

bastu
sauna

balkong
balkonas

terrass
terasa

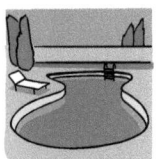

bassäng
baseinas

gräsklippare
žoliapjovė

lakan
paklodė

överkast
lovatiesė

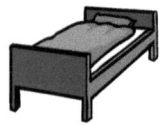

säng
lova

kvast
šluota

hink
kibiras

strömbrytare
jungiklis

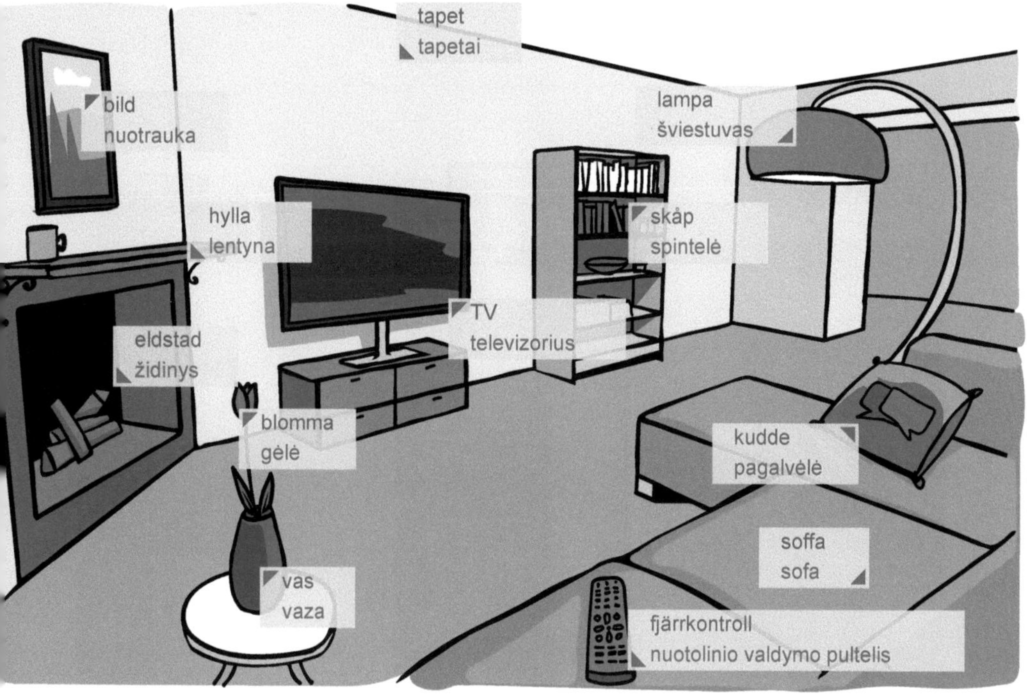

tapet
tapetai

bild
nuotrauka

lampa
šviestuvas

hylla
lentyna

skåp
spintelė

eldstad
židinys

TV
televizorius

blomma
gėlė

kudde
pagalvėlė

vas
vaza

soffa
sofa

fjärrkontroll
nuotolinio valdymo pultelis

matta
kilimas

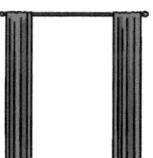

gardin
užuolaida

bord
stalas

stol
kėdė

gungstol
supamasis krėslas

fåtölj
fotelis

bok

knyga

filt

antklodė

dekoration

papuošimai

vedträ

malkos

film

filmas

stereoanläggning

stereo aparatūra

nyckel

raktas

dagstidning

laikraštis

målning

paveikslas

poster

plakatas

radio

radijas

anteckningsbok

užrašų knygelė

dammsugare

dulkių siurblys

kaktus

kaktusas

stearinljus

žvakė

kök
virtuvė

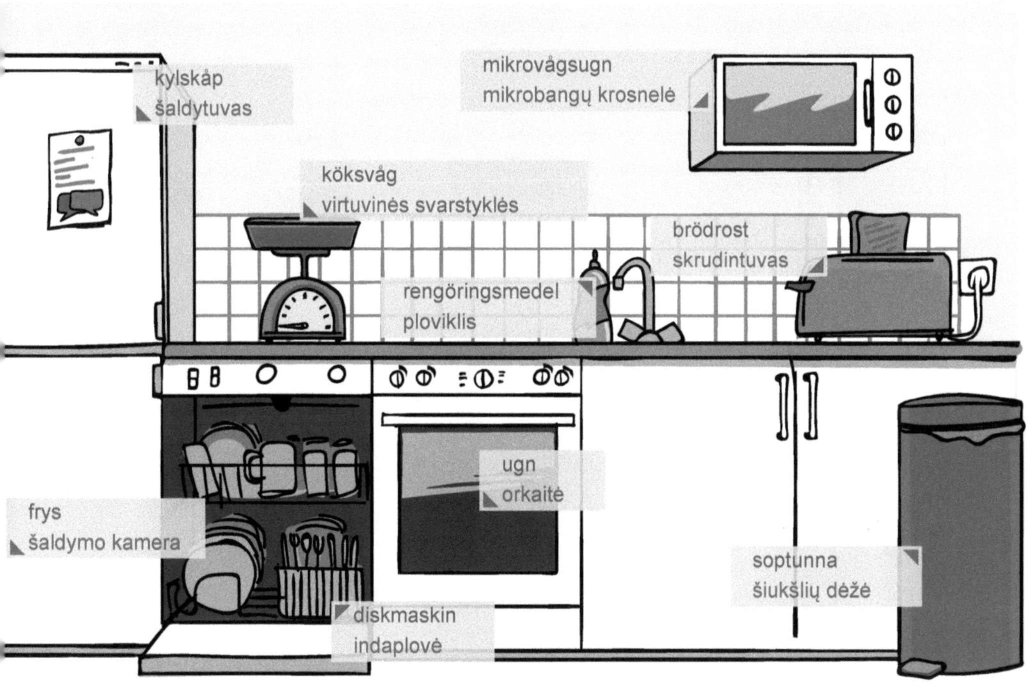

kylskåp
šaldytuvas
mikrovågsugn
mikrobangų krosnelė
köksvåg
virtuvinės svarstyklės
brödrost
skrudintuvas
rengöringsmedel
ploviklis
ugn
orkaitė
frys
šaldymo kamera
soptunna
šiukšlių dėžė
diskmaskin
indaplovė

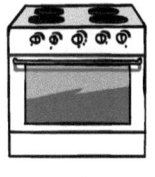

spis
....
viryklė

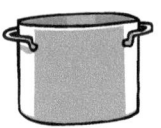

kastrull
....
puodas

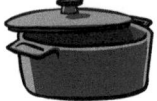

järngryta
....
ketaus puodas

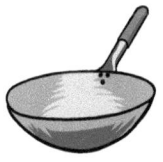

wok / kadai
....
„wok“ keptuvė

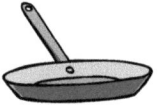

stekpanna
....
keptuvė

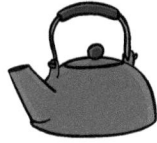

vattenkokare
....
virdulys

ångkokare

garų puodas

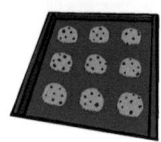

bakplåt

kepimo skarda

porslin

porceliano indai

mugg

puodelis

skål

dubuo

ätpinnar

valgomosios lazdelės

soppslev

samtis

stekspade

mentelė

visp

plaktuvas

durkslag

koštuvas

sil

sietas

rivjärn

trintuvė

mortel

grūstuvė

grill

kepsninė

brasa

atvira liepsna

skärbräda

pjaustymo lentelė

kavel

kočėlas

korkskruv

kamščiatraukis

burk

skardinė

burköppnare

skardinių atidarytuvas

grytlapp

puodkėlė

vask

kriauklė

borste

šepetys

svamp

kempinė

mixer

trintuvas

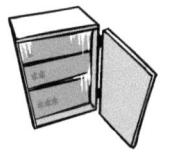

frys

šaldiklis

nappflaska

kūdikių buteliukas

kran

čiaupas

badrum

vonios kambarys

värme
šildymas
handduk
rankšluostis
dusch
dušas
duschdraperi
dušo užuolaidos
bubbelbad
vonios putos
badkar
vonia
glas
stiklinė
tvättmaskin
skalbimo mašina
kran
čiaupas
kakel
plytelės
potta
naktinis puodukas
vask
kriauklė

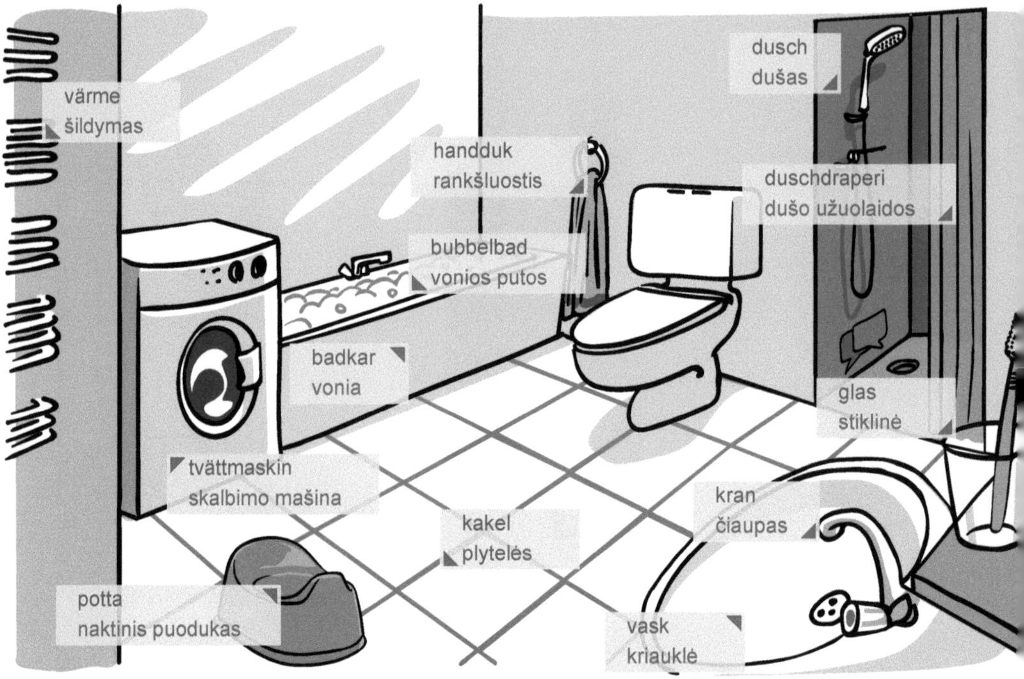

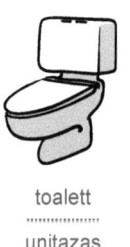

toalett

unitazas

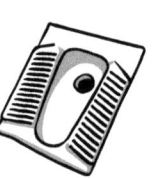

låg toalett

tupimasis unitazas

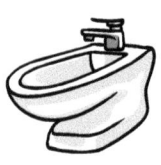

bidet

bidė

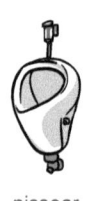

pissoar

pisuaras

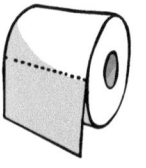

toalettpapper

tualetinis popierius

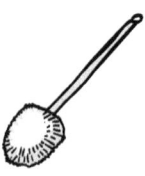

toalettborste

unitazo šepetys

tandborste

dantų šepetėlis

tandkräm

dantų pasta

tandtråd

dantų siūlas

tvätta

plauti

handdusch

dušo galvutė

intimdusch

higieninis dušas

handfat

praustuvas

ryggborste

nugaros plaušinė

tvål

muilas

duschgel

dušo želė

schampo

šampūnas

trasa

plaušinė

avlopp

kanalizacija

crème

kremas

deodorant

dezodorantas

spegel

veidrodis

handspegel

veidrodėlis

rakhyvel

skustuvas

raklödder

skutimosi putos

rakvatten

losjonas po skutimosi

kam

šukos

borste

šepetys

hårtork

plaukų džiovintuvas

hårspray

plaukų lakas

smink

makiažas

läppstift

lūpdažis

nagellack

nagų lakas

bomullsvadd

vata

nagelsax

žirklutės nagams

parfym

kvepalai

necessär
maišelis skalbiniams

pall
taburetė

våg
svarstyklės

badrock
chalatas

gummihandskar
guminės pirštinės

tampong
tamponas

binda
higieninis įklotas

kemisk toalett
biotualetas

barnrum

vaiko kambarys

väckarklocka
žadintuvas
gosedjur
pliušinis žaislas
leksaksbil
žaislinė mašinėlė
skallra
barškutis
dockhus
lėlės namelis
present
dovana

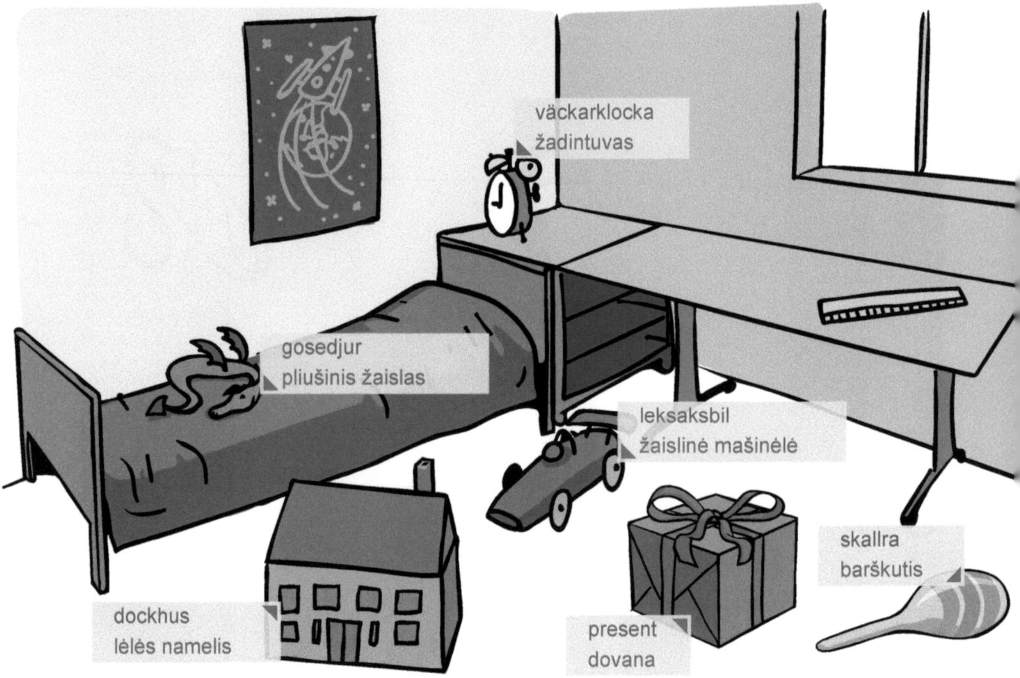

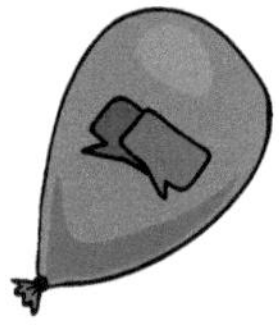

ballong

balionas

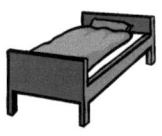

säng

lova

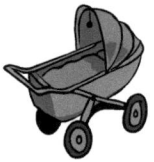

barnvagn

vaikiškas vežimėlis

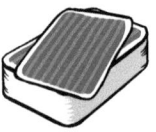

kortlek

kortų malka

pussel

delionė

SUPER
MEGA

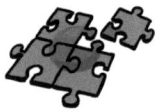

serietidning

komiksai

legobitar

lego kaladėlės

klossar

žaislinės kaladėlės

actionfigur

figūrėlė

sparkdräkt

šliaužtinukai

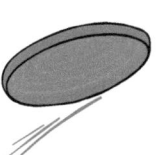

frisbee

mėtymo lėkštė

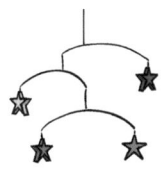

mobil

karuselė

brädspel

stalo žaidimas

tärning

kauliukai

modelljärnväg

žaislinis traukinys

napp

žindukas

party

vakarėlis

bilderbok

paveiksliukų knygelė

boll

kamuolys

docka

lėlė

spela

žaisti

sandlåda

smėlio dėžė

gunga

sūpynės

leksaker

žaislai

spelkonsol

žaidimų konsolė

trehjuling

triratukas

nalle

meškiukas

garderob

drabužių spinta

kläder

drabužis

sockar

kojinės

strumpor

kojinės virš kelių

tights

pėdkelnės

halsduk
šalikas

paraply
skétis

bälte
diržas

t-shirt
marškinéliai

sneakers
sportbačiai

stövlar
ilgaauliai batai

tofflor
šlepetės

sandaler
....
sandalai

skor
....
batai

gummistövlar
guminiai batai

underbyxor
....
trumpikės

BH
....
liemenélé

linne
....
liemenė

kläder - drabužis

45

body

glaustinukė

byxor

kelnės

jeans

džinsai

kjol

sijonas

blus

palaidinė

skjorta

marškiniai

pullover

megztinis

sweater

megztinis su gobtuvu

blazer

švarkelis

jacka

švarkas

kappa

paltas

regnjacka

lietpaltis

dräkt

kostiumas

klänning

suknelė

bröllopsklänning

vestuvinė suknelė

kostym

kostiumas

nattlinne

naktiniai marškiniai

pyjamas

pižama

sari

saris

slöja

skarelė

turban

tiurbanas

burka

burka

kaftan

kaftanas

abaya

abaja

baddräkt

maudymosi kostiumėlis

badbyxor

glaudės

shorts

šortai

träningsoverall

sportinis kostiumas

förkläde

prijuostė

handskar

pirštinės

knapp

saga

glasögon

akiniai

armband

apyranke

halsband

verinys

ring

žiedas

örhänge

auskaras

mössa

kepure

galge

pakabas

hatt

skrybele

slips

kaklaraištis

dragkedja

užtrauktukas

hjälm

šalmas

hängslen

breketai

skoluniform

mokykline uniforma

uniform

uniforma

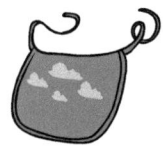

haklapp

seilinukas

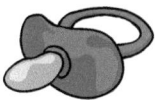

napp

žindukas

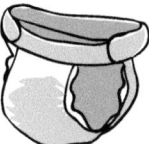

blöja

vystyklai

kontor
biuras

server
serveris
dokumentskåp
dokumentų spinta
papper
popierius
skrivare
spausdintuvas
bildskärm
vaizduoklis
mus
pelė
skrivbord
rašomasis stalas
mapp
aplankas
tangentbord
klaviatūra
papperskorg
šiukšliadėžė
dator
kompiuteris
stol
kėdė

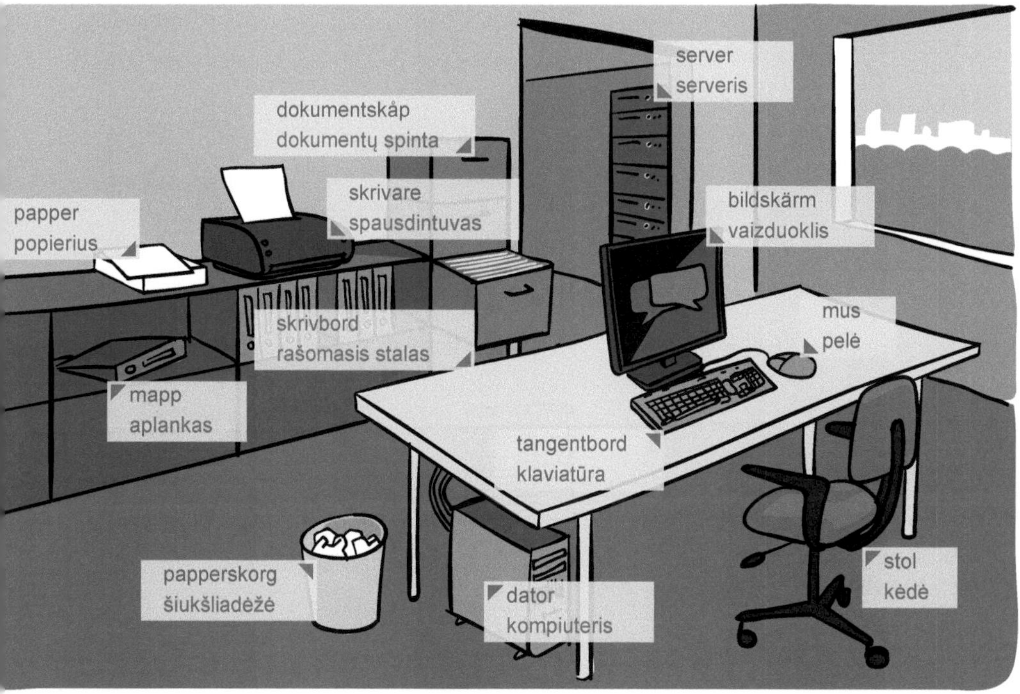

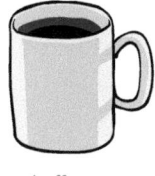

kaffemugg

kavos puodelis

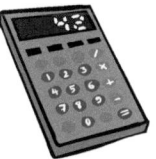

miniräknare

kalkuliatorius

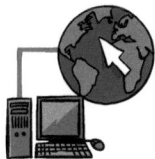

internet

internetas

bärbar dator

nešiojamasis kompiuteris

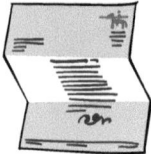

brev

laiškas

meddelande

žinutė

mobiltelefon

mobilusis telefonas

nätverk

tinklas

kopieringsapparat

fotokopijavimo aparatas

programvara

programinė įranga

telefon

telefonas

vägguttag

kištukinis lizdas

fax

faksas

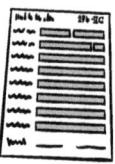

blankett

forma

dokument

dokumentas

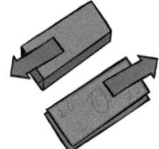

köpa
....
pirkti

betala
....
mokėti

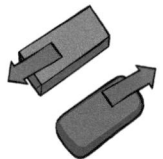

handla
....
prekiauti

pengar
....
pinigai

 **USD**

dollar
....
doleris

 **EUR**

euro
....
euras

 **JPY**

yen
....
jena

 **RUB**

rubel
....
rublis

 **CHF**

schweizisk franc
....
Šveicarijos frankas

 **CNY**

renminbi yan
....
juanis

 **INR**

rupie
....
rupija

bankomat
....
bankomatas

växelkontor

valiutos keitykla

guld

auksas

silver

sidabras

olja

nafta

energi

energija

pris

kaina

kontrakt

sutartis

skatt

mokestis

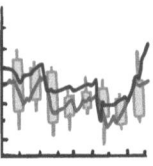

aktie

akcijos

arbeta

dirbti

anställd

darbuotojas

arbetsgivare

darbdavys

fabrik

gamykla

affär

parduotuvė

polis
policininkas

brandman
ugniagesys

kock
virėjas

läkare
gydytojas

pilot
lakūnas

trädgårdsmästare
sodininkas

snickare
stalius

sömmerska
siuvėja

domare
teisėjas

kemist
chemikas

skådespelare
aktorius

busschaufför

autobuso vairuotojas

taxichaufför

taksi vairuotojas

fiskare

žvejys

städerska

valytoja

takläggare

stogdengys

servitör

padavėjas

jägare

medžiotojas

målare

dailininkas

bagare

kepėjas

elektriker

elektrikas

byggarbetare

statybininkas

ingenjör

inžinierius

slaktare

mėsininkas

rörmokare

santechnikas

brevbärare

paštininkas

yrken - profesijos

soldat
kareivis

arkitekt
architektas

kassör
kasininkas

florist
gélininkas

frisör
kirpéjas

konduktör
konduktorius

mekaniker
mechanikas

kapten
kapitonas

tandläkare
odontologas

vetenskapsman
mokslininkas

rabbin
rabinas

imam
imamas

munk
vienuolis

präst
kunigas

verktyg
įrankiai

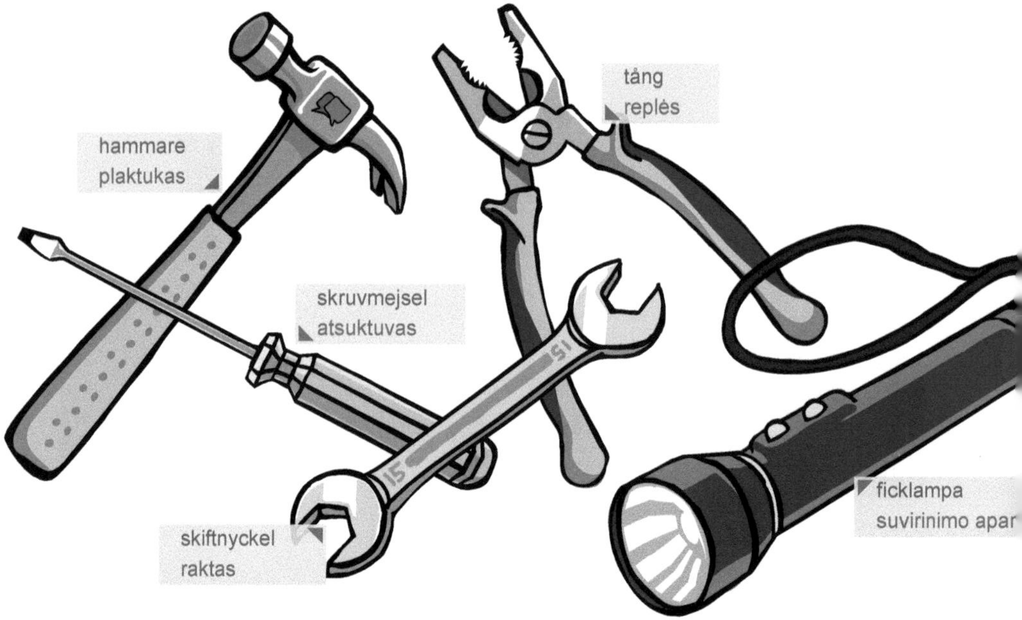
hammare
plaktukas
tång
replės
skruvmejsel
atsuktuvas
skiftnyckel
raktas
ficklampa
suvirinimo apar

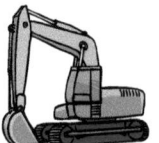

grävmaskin

ekskavatorius

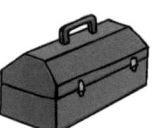

verktygslåda

įrankių dėžė

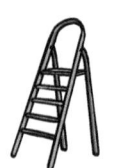

stege

kopėčios

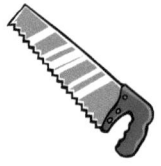

såg

pjūklas

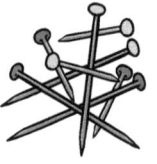

spik

vinys

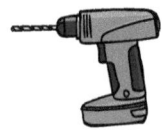

borr

grąžtas

reparera

taisyti

spade

kastuvas

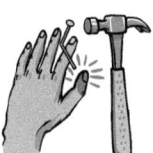

Helvete!

Velniava!

sopskyffel

semtuvėlis

färgburk

dažų skardinė

skruvar

varžtai

musikinstrument
muzikos instrumentai

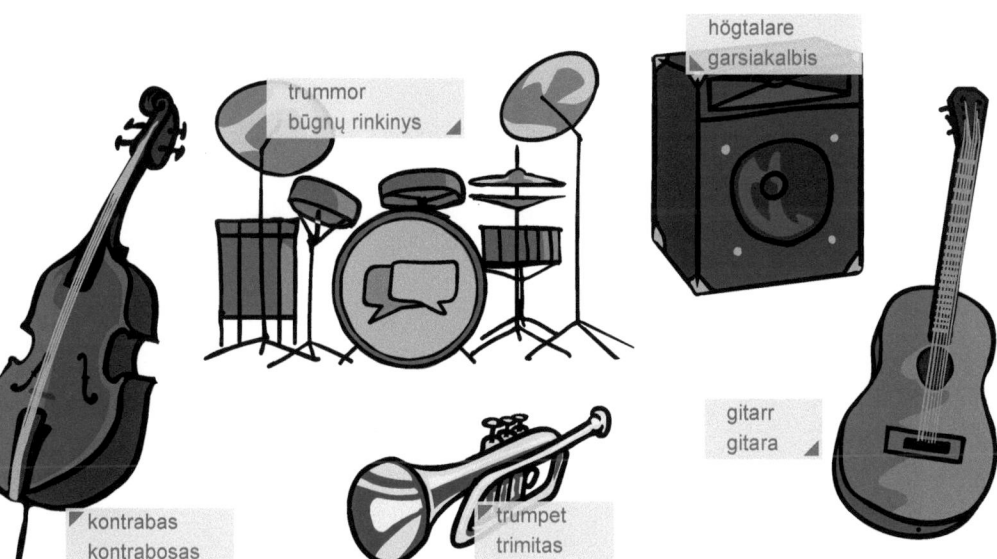

trummor
būgnų rinkinys

högtalare
garsiakalbis

gitarr
gitara

kontrabas
kontrabosas

trumpet
trimitas

piano
....
pianinas

violin
....
smuikas

bas
....
bosinė gitara

timpani
....
timpanas

trumma
....
būgnai

keyboard
....
sintezatorius

saxofon
....
saksofonas

flöjt
....
fleita

mikrofon
....
mikrofonas

musikinstrument - muzikos instrumentai

zoo
zoologijos sodas

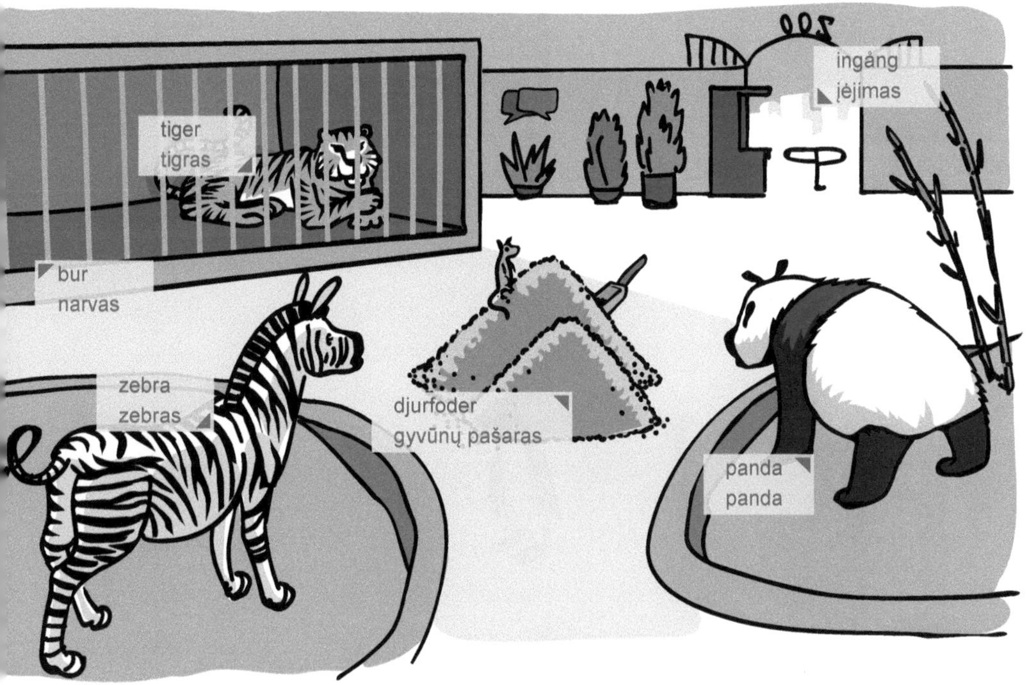

ingång
įėjimas
tiger
tigras
bur
narvas
zebra
zebras
djurfoder
gyvūnų pašaras
panda
panda

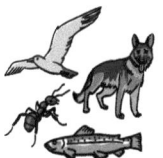

djur

gyvūnai

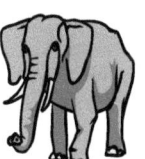

elefant

dramblys

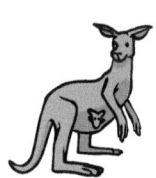

känguru

kengūra

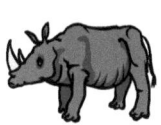

noshörning

raganosis

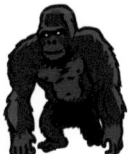

gorilla

gorila

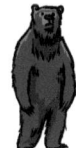

björn

meška

kamel

kupranugaris

struts

strutis

lejon

liūtas

apa

beždžionė

flamingo

flamingas

papegoja

papūga

isbjörn

baltoji meška

pingvin

pingvinas

haj

ryklys

påfågel

povas

orm

gyvatė

krokodil

krokodilas

djurskötare

zoologijos sodo prižiūrėtojas

säl

ruonis

jaguar

jaguaras

zoo - zoologijos sodas

ponny

ponis

leopard

leopardas

flodhäst

begemotas

giraff

žirafa

örn

erelis

vildsvin

šernas

fisk

žuvis

sköldpadda

vėžlys

valross

vėplys

räv

lapė

gazell

gazelė

amerikansk fotboll
amerikietiškas futbolas

cykling
dviračių sportas

tennis
tenisas

basket
krepšinis

simning
plaukimas

boxning
boksas

ishockey
ledo ritulys

fotboll
futbolas

badminton
badmintonas

friidrott
atletika

handboll
rankinis

skidåkning
slidinėjimas

polo
polas

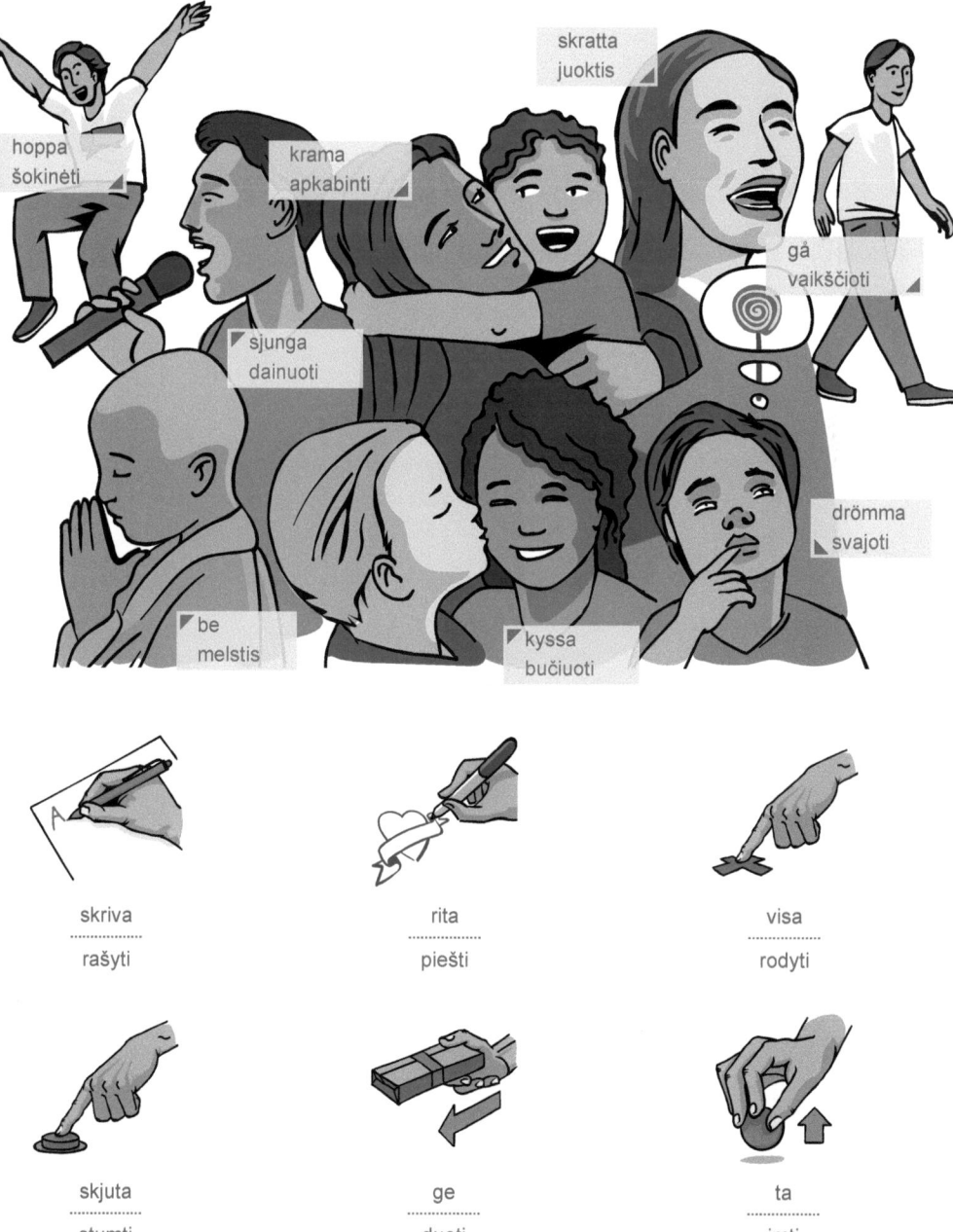

skratta
juoktis

hoppa
šokinėti

krama
apkabinti

gå
vaikščioti

sjunga
dainuoti

drömma
svajoti

be
melstis

kyssa
bučiuoti

skriva	rita	visa
rašyti	piešti	rodyti
skjuta	ge	ta
stumti	duoti	imti

hagel

turėti

göra

daryti

vara

būti

stå

stovėti

springa

bėgti

dra

traukti

kasta

mesti

falla

kristi

ligga

meluoti

vänta

laukti

bära

nešti

sitta

sėdėti

klä på

rengtis

sova

miegoti

vakna

pabusti

se på

žiūrėti

gråta

verkti

smeka

glostyti

kamma

šukuoti

prata

kalbėti

förstå

suprasti

fråga

paklausti

höra

klausytis

dricka

gerti

äta

valgyti

städa

tvarkytis

älska

mylėti

laga mat

gaminti

köra

vairuoti

flyga

skristi

segla

buriuoti

räkna

skaičiuoti

läsa

skaityti

lära sig

mokytis

arbeta

dirbti

gifta sig

vesti

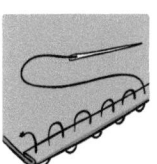

sy

siūti

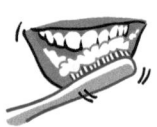

borsta tänderna

valytis dantis

döda

žudyti

röka

rūkyti

skicka

siųsti

ormor/farmor
enelė

morfar/farfar
senelis

pappa
tėvas

mamma
motina

baby
kūdikis

dotter
dukra

son
sūnus

gäst

svečias

moster/faster

teta

farbror/morbror

dėdė

bror

brolis

syster

sesuo

kropp
kūnas

panna
kakta
öga
akis
skuldra
petys
finger
pirštas
ansikte
veidas
haka
smakras
hand
plaštaka
ben
koja
bröst
krūtinė
arm
ranka

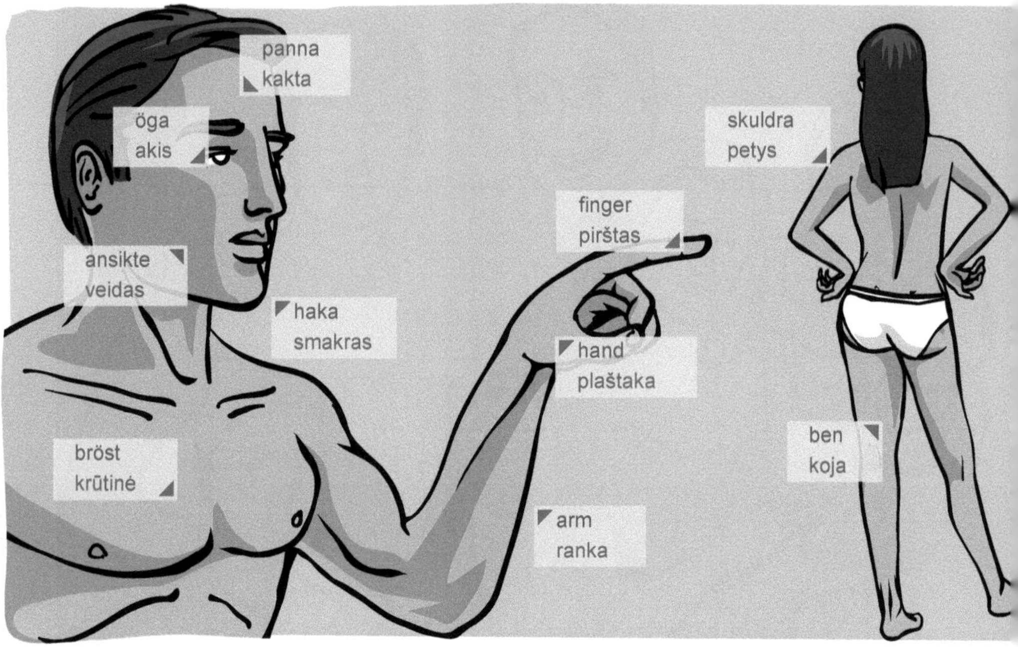

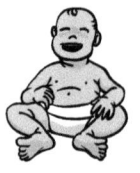

baby
kūdikis

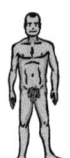

man
vyras

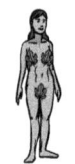

kvinna
moteris

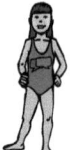

flicka
mergaitė

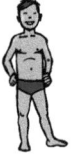

pojke
berniukas

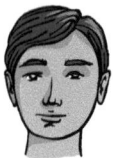

huvud
galva

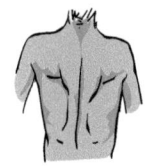

rygg

nugara

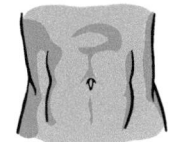

mage

pilvas

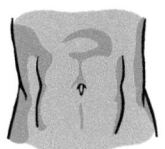

navel

bamba

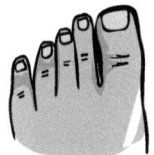

tå

kojos pirštas

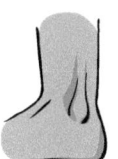

häl

kulnas

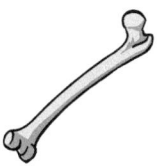

ben

kaulas

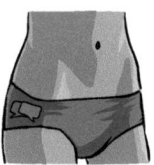

höft

klubas

knä

kelis

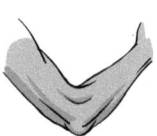

armbåge

alkūnė

näsa

nosis

stjärt

sėdmenys

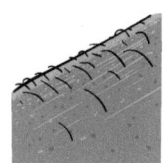

hud

oda

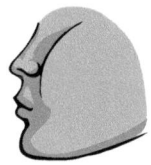

kind

skruostas

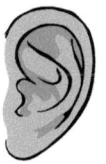

öra

ausis

läpp

lūpa

mun

burna

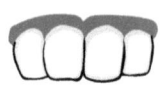

tand

dantis

tunga

liežuvis

hjärna

smegenys

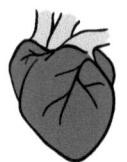

hjärta

širdis

muskel

raumuo

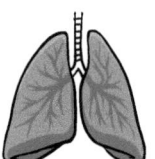

lunga

plaučiai

lever

kepenys

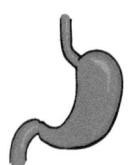

magsäck

skrandis

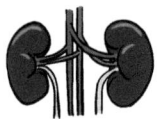

njurar

inkstai

sex

seksas

kondom

prezervatyvas

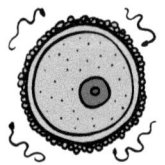

äggcell

kiaušialąstė

sperma

sperma

graviditet

nėštumas

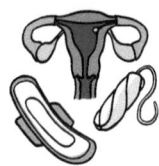

menstruation

menstruacijos

vagina

makštis

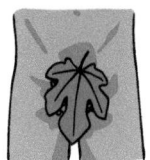

penis

varpa

ögonbryn

antakis

hår

plaukai

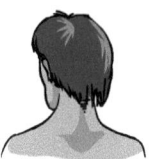

nacke

kaklas

sjukhus
ligoninė

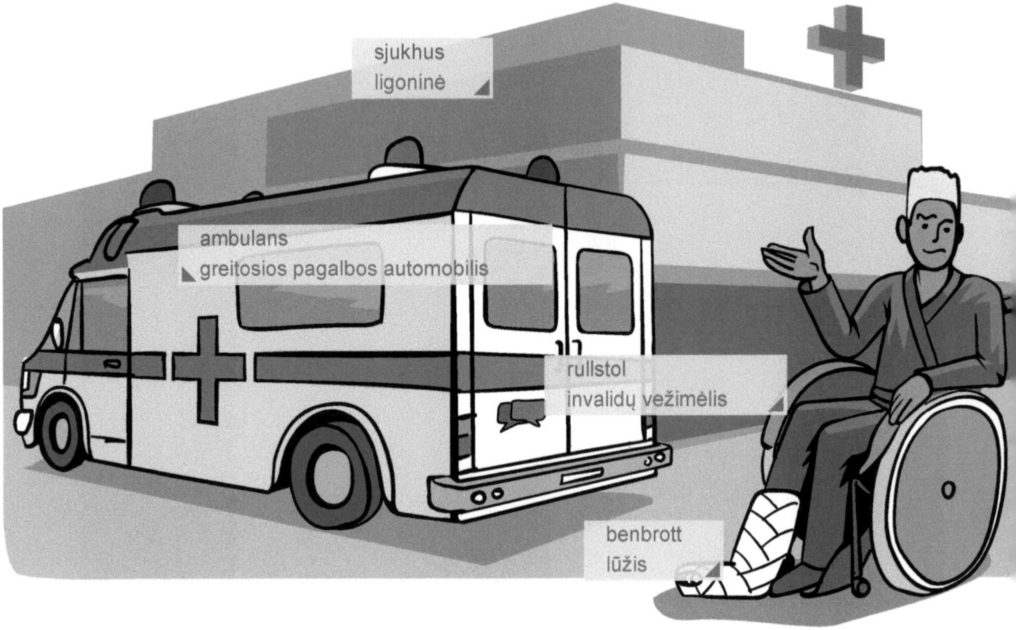

sjukhus
ligoninė
ambulans
greitosios pagalbos automobilis
rullstol
invalidų vežimėlis
benbrott
lūžis

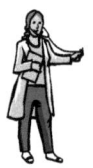

läkare

gydytojas

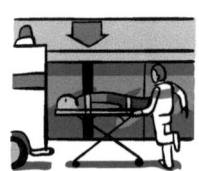

akutmottagning

skubios pagalbos skyrius

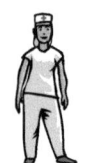

sjuksköterska

slaugytoja

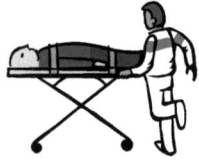

nödsituation

nelaimingas atsitikimas

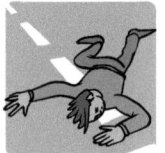

medvetslös

be sąmonės

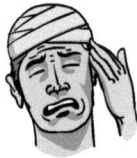

smärta

skausmas

skada

sužalojimas

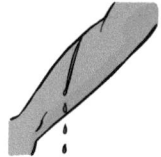

blödning

kraujavimas

hjärtattack

širdies smūgis

slaganfall

insultas

allergi

alergija

hosta

kosulys

feber

karščiavimas

influensa

gripas

diarré

viduriavimas

huvudvärk

galvos skausmas

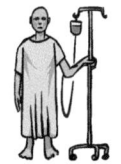

cancer

vėžys

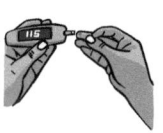

diabetes

diabetas

kirurg

chirurgas

skalpell

skalpelis

operation

operacija

CT
KT

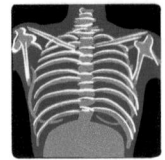

röntgen
rentgenas

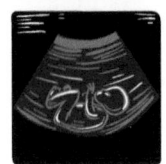

ultraljud
ultragarsas

ansiktsmask
veido kaukė

sjukdom
liga

väntsal
laukiamasis

krycka
ramentas

plåster
gipsas

bandage
tvarstis

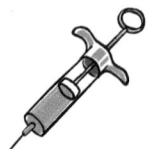

injektion
injekcija

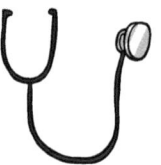

stetoskop
stetoskopas

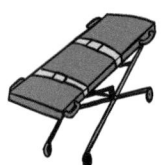

bår
neštuvai

termometer
termometras

födsel
gimimas

övervikt
antsvoris

hörapparat

klausos aparatas

desinfektionsmedel

dezinfekavimo priemonė

infektion

infekcija

virus

virusas

HIV / AIDS

ŽIV / AIDS

medicin

vaistas

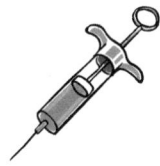

vaccination

skiepijimas

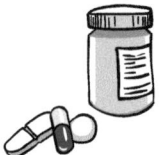

tabletter

tabletės

p-piller

piliulė

nödsamtal

kubios pagalbos numeris

blodtrycksmätare

kraujospūdžio matuoklis

sjuk / frisk

ligotas / sveikas

Hjälp!

Padėkite!

alarm

pavojaus signalas

överfall

užpuolimas

misshandel

ataka

fara

pavojus

nödutgång

avarinis išėjimas

Det brinner!

Gaisras!

brandsläckare

gesintuvas

olycka

nelaimingas atsitikimas

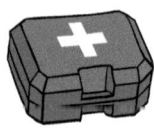

förbandslåda

pirmosios pagalbos rinkinys

SOS

SOS

polis

policija

Jorden
Žemė

Europa

Europa

Nordamerika

Šiaurės Amerika

Sydamerika

Pietų Amerika

Afrika

Afrika

Asien

Azija

Australien

Australija

Atlanten

Atlanto vandenynas

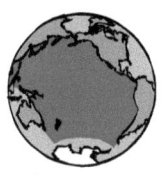

Stilla Havet

Ramusis vandenynas

Indiska Oceanen

Indijos vandenynas

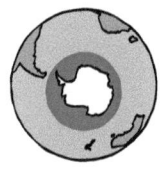

Antarktiska Oceanen

Pietų vandenynas

Arktiska Oceanen

Arkties vandenynas

Nordpol

Šiaurės ašigalis

Sydpol

Pietų ašigalis

Antarktis

Antarktida

Jorden

Žemė

land

sausuma

hav

jūra

ö

sala

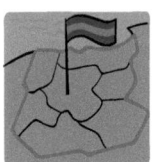

nation

tauta

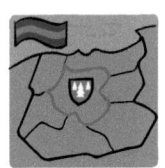

stat

valstybė

urtavla

ciferblatas

timvisare

valandinė rodyklė

minutvisare

minutinė rodyklė

sekundvisare

sekundinė rodyklė

Vad är klockan?

Kiek valandų?

dag

diena

tid

laikas

nu

dabar

digital klocka

skaitmeninis laikrodis

minut

minutė

timme

valanda

måndag
pirmadienis

MO

W onsdag
treciadienis

FR fredag
penktadienis

TU

TH

lördag
šeštadienis

SA

tisdag
antradienis

SO

torsdag
ketvirtadienis

söndag
sekmadienis

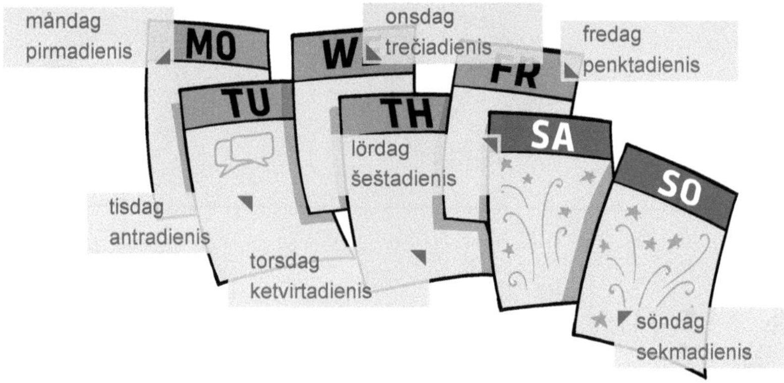

igår
vakar

idag
šiandien

imorgon
rytoj

morgon
rytas

middag
vidurdienis

kväll
vakaras

MO	TU	WE	TH	FR	SA	SU
1	2	3	4	5	6	7
8	9	10	11	12	13	14
15	16	17	18	19	20	21
22	23	24	25	26	27	28
29	30	31	1	2	3	4

vardagar
darbo dienos

MO	TU	WE	TH	FR	SA	SU
1	2	3	4	5	6	7
8	9	10	11	12	13	14
15	16	17	18	19	20	21
22	23	24	25	26	27	28
29	30	31	1	2	3	4

helg
savaitgalis

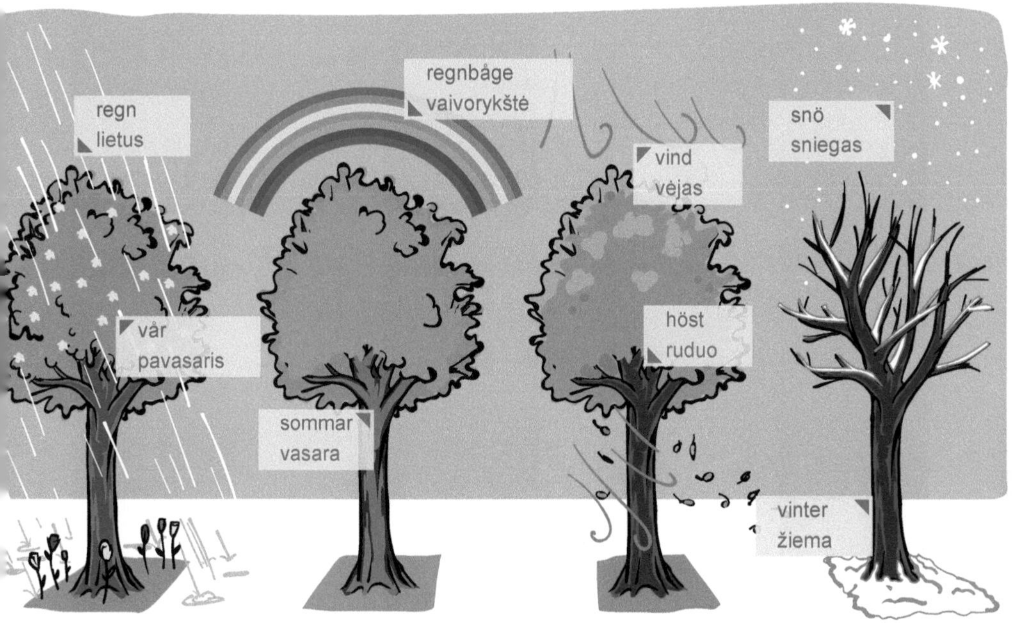

regn
lietus

regnbåge
vaivorykštė

vind
vėjas

snö
sniegas

vår
pavasaris

höst
ruduo

sommar
vasara

vinter
žiema

4.APRIL	11°	☀
5.APRIL	4°	⛅
6.APRIL	13°	☁
7.APRIL	8°	❄
8.APRIL	10°	☀

väderprognos

orų prognozė

termometer

lauko termometras

solsken

saulės šviesa

moln

debesis

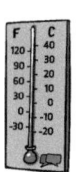

dimma

rūkas

luftfuktighet

drėgmė

blixt

žaibas

åska

griaustinis

storm

audra

hagel

kruša

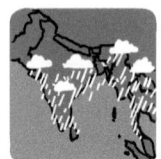

monsun

musonas

översvämning

potvynis

is

ledas

januari

sausis

februari

vasaris

mars

kovas

april

balandis

maj

gegužė

juni

birželis

juli

liepa

augusti

rugpjūtis

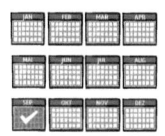

september
....
rugsėjis

oktober
....
spalis

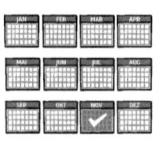

november
....
lapkritis

december
....
gruodis

cirkel
....
apskritimas

kvadrat
....
kvadratas

rektangel
....
stačiakampis

triangel
....
trikampis

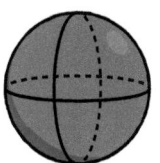

sfär
....
sfera

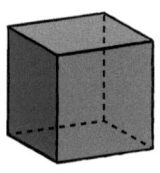

kub
....
kubas

vit
....
balta

gul
....
geltona

orange
....
oranžinė

rosa
....
rožinė

röd
....
raudona

lila
....
violetinė

blå
....
mėlyna

grön
....
žalia

brun
....
ruda

grå
....
pilka

svart
....
juoda

mycket / lite
daug / mažai

arg / lugn
piktas / ramus

vacker / ful
gražus / bjaurus

början / slut
pradžia / pabaiga

stor / liten
didelis / mažas

ljus / mörk
šviesus / tamsus

bror / syster
brolis / sesuo

ren / smutsig
švarus / purvinas

komplett / ofullständig
užbaigtas / neužbaigtas

dag / natt
diena / naktis

död / levande
miręs / gyvas

bred / smal
platus / siauras

ätlig / oätlig
valgomas / nevalgomas

ond / god
piktas / malonus

upphetsad / uttråkad
linksmas / nuobodus

tjock / smal
storas / plonas

först / sist
pirmiausia / paskiausia

vän / fiende
draugas / priešas

full / tom
pilnas / tuščias

hård / mjuk
kietas / minkštas

tung / lätt
sunkus / lengvas

hunger / törst
alkis / troškulys

sjuk / frisk
ligotas / sveikas

olaglig / laglig
nelegalus / legalus

intelligent / dum
protingas / kvailas

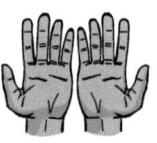

vänster / höger
kairė / dešinė

nära / långt bort
arti / toli

ny / begagnad

naujas / naudotas

inget / något

niekas / kažkas

gammal / ung

senas / jaunas

på / av

įjungta / išjungta

öppen / stängd

atidaryta / uždaryta

tyst / högljudd

tylus / garsus

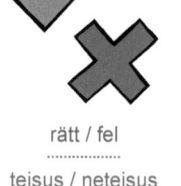

rik / fattig

turtingas / vargšas

rätt / fel

teisus / neteisus

grov / slät

šiurkštus / švelnus

ledsen / glad

liūdnas / laimingas

kort / lång

trumpas / ilgas

långsam / snabb

lėtas / greitas

våt / torr

drėgnas / sausas

varm / sval

šiltas / šaltas

krig / fred

karas / taika

0
noll

nulis

1
ett

vienas

2
två

du

3
tre

trys

4
fyra

keturi

5
fem

penki

6
sex

šeši

7
sju

septyni

8
åtta

aštuoni

9
nio

devyni

10
tio

dešimt

11
elva

vienuolika

12

tolv

dvylika

13

tretton

trylika

14

fjorton

keturiolika

15

femton

penkiolika

16

sexton

šešiolika

17

sjutton

septyniolika

18

arton

aštuoniolika

19

nitton

devyniolika

20

tjugo

dvidešimt

100

hundra

šimtas

1.000

tusen

tūkstantis

1.000.000

miljon

milijonas

engelska
....
anglų

amerikansk engelska
....
amerikiečių anglų

kinesisk mandarin
....
kinų (mandarinų)

hindi
....
hindi

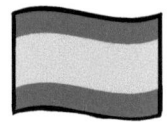

spanska
....
ispanų

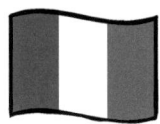

franska
....
prancūzų

arabiska
....
arabų

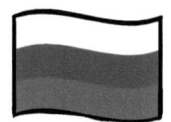

ryska
....
rusų

portugisiska
....
portugalų

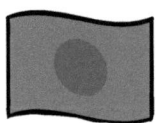

bengali
....
bengalų

tyska
....
vokiečių

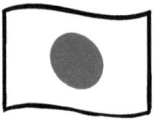

japanska
....
japonų

jag
aš

du
tu

han / hon / den (det)
jis / ji

vi
mes

ni
jūs

de
jie

vem?
kas?

vad?
ką?

hur?
kaip?

var?
kur?

när?
kada?

namn
vardas

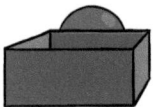

bakom
....
už

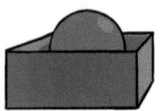

i
....
kur (vieta)

framför
....
priešais

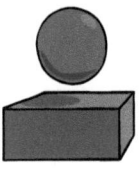

över
....
virš

på
....
ant

under
....
po

bredvid
....
prie

mellan
....
tarp

plats
....
vieta